LOS MEJORES AMIGOS NO PELEAN

por
Brenda Bellingham

Ilustraciones de
Carol Wakefield

For information contact:
MONDO Publishing
980 Avenue of the Americas
New York, New York 10018
Visit our website at www.mondopub.com

Printed in the United States of America
First Mondo printing, January 2000
08 09 10 11 12 PB 9 8 7 6 5 4
10 11 12 13 14 SP 9 8 7 6 5 4 3 2 1
ISBN 1-57255-792-3 (PB)   ISBN 1-60175-622-4 (SP)

Designed by Mina Greenstein

Contenido

Capítulo 1

Amigos

—¡A y! —gritó Bruno. Se cubrió la nariz con el mitón. Los ojos se le llenaron de lágrimas.

—Fuchi —dijo Sally—. Chorrea sangre por debajo del mitón de Bruno.

—Es su culpa —dijo Poppy Rose—. Chocó su nariz contra mi cabeza.

—Fue un accidente —dijo Tilly Perkins.

Los niños de cuarto grado habían construido fuertes de nieve en el patio de juegos. Durante los recreos jugaban a las batallas. A veces algunos se enloquecían. Olvidaban que era un juego y luchaban de verdad.

—Vamos Bruno —dijo Jeff—. Te ayudaré a entrar a la escuela.

—Nos meteremos en problemas —dijo Poppy

Rose—. No debemos jugar batallas de nieve.

—No puedo evitarlo —dijo Jeff—. Bruno está lastimado.

Los niños eran amigos. Eran vecinos. Jugaban juntos, iban juntos a la escuela y volvían juntos. Bruno tenía el cabello rubio y las mejillas coloradas. Ahora tenía la nariz tan roja como las mejillas. El cabello de Jeff era marrón. Como sus ojos. Su apellido era Brown, que en inglés quiere decir "marrón". Brown era un buen nombre para Jeff. Puso la mano sobre el hombro de Bruno y lo llevó hacia la escuela.

—¿Qué pasó? —preguntó la Sra. Frank. Era la maestra de Jeff y de Bruno.

—Bruno se golpeó la nariz sin querer —respondió Jeff.

La Sra. Frank frunció el ceño. —Hay muchas peleas en el patio de juegos —dijo.

La Sra. Frank tenía razón sobre las peleas, pensó Jeff. *El invierno ya casi estaba terminando. Los fuertes se habían derretido hasta convertirse en unos bultos de nieve, pero las batallas continuaban.*

Al día siguiente, la Sra. Frank habló con los alumnos. —Vamos a comprar columpios nuevos —dijo—. Si hay más diversión en el patio de juegos, tal vez no peleen.

—Do podeboz columbiadnoz dodo el diembo

—dijo Bruno—. Es abudido. —Todavía tenía la nariz hinchada.

Jeff estaba de acuerdo, pero era demasiado correcto como para decirlo. A Bruno no le importaba ser correcto.

A la Sra. Frank sí le importaba. —Bruno, los columpios cuestan mucho dinero —lo regañó—. Si no quieren columpios, ¿entonces, *qué* quieren?

—Un tobogán acuático —dijo Bruno.

Todos rieron y comenzaron a hablar a la vez.

—Cálmense —dijo la Sra Frank—. Propongamos ideas más sensatas.

Tilly Perkins se incorporó de un salto y levantó la mano. —Ya sé —gritó—. Podríamos hacer una casa del árbol.

Tilly Perkins tenía brillantes ojos color avellana. Tenía el pelo como púas de puercoespín. Tenía el dobladillo de su falda descosido. Las medias giraban alrededor de sus piernas flacas como dos sacacorchos. Nunca usaba jeans. Su ropa parecía como sacada de una tienda de disfraces. A Tilly Perkins le gustaba ser diferente. A Jeff, en cambio, no. Los opuestos se atraen. Tal vez por eso él y Tilly eran amigos.

—¿Uda casa del ádbol? — se burló Bruno—. Do hay dingún ádbol ed el patio de juegos.

¿Acaso Tilly Perkins se puso triste?

¿Acaso Tilly Perkins se apenó?

No, de ninguna manera. Tilly Perkins se veía ilusionada. Se hundió en su asiento, apoyó la mejilla en la mano y miró distraídamente al vacío. —Podríamos tener un castillo —dijo—, y un foso con lirios y un puente levadizo.

—¡Un castillo! —exclamó Poppy Rose—. Apuesto a que con un dragón. —Le guiñó un ojo a Sally.

Tilly Perkins tenía algo con los dragones. En tercer grado, decía que tenía uno en la casa. A principios de este año, veía dragones por todas partes, hasta en la biblioteca de la escuela. Los otros niños pensaban que era rara. Pero hace poco tiempo, había abandonado el tema de los dragones. Jeff se alegraba. Le gustaba Tilly. Quería que a los otros también les gustara. No quería que se rieran de ella o que dijeran que decía mentiras.

Tilly no pareció oír a Poppy Rose. Seguía soñando con el patio de juegos. —Necesitamos una cueva —dijo.

—Tilly —dijo la Sra. Frank—, por favor sé sensata. No podemos hacer una casa del árbol, ni un castillo ni una cueva.

—Creo que lo que Tilly quiere decir es que

podemos hacer un parque de aventuras —dijo Jeff—. Una vez vi uno en un parque.

La Sra. Frank se veía pensativa. —La escuela no puede pagar eso —dijo—, a menos que nosotros podamos juntar el dinero.

Bruno gritó: —¡Muy bien! ¡Pues lo haremos! Podemos vender barras de chocolate. La última vez, gané un premio por ser el que más vendió. Todavía tenía la nariz roja e hinchada, pero ya había dejado de hablar gracioso.

—La gente ya no compra dulces —dijo Poppy Rose—. No les hacen bien.

—¿A quién le importa? — dijo Bruno. Le dio una mirada furiosa a Poppy Rose. Generalmente, cuando Bruno daba una mirada furiosa a alguien, se veía bravucón. Generalmente. Es difícil verse bravucón. con la nariz hinchada.

—Dejen de discutir —dijo la Sra. Frank—. Bruno, la tuya es una buena idea, pero creo que Poppy Rose tiene razón. Cada vez es más difícil vender barras de chocolate. ¿Qué otra cosa podemos hacer?

—Palomitas de maíz para vender en la escuela —dijo Poppy Rose.

—¡Sí, claro! Y gastar nuestro propio dinero para comprarlas —se burló Bruno—. Queremos que paguen los otros.

—Esa no es una manera muy amable de expresarlo —dijo la Sra. Frank—. Si tienen otras ideas, háganmelas saber. Ahora tenemos que ponernos a trabajar.

Tilly levantó la mano.

—Sra. Frank —gritó—. Ya sé cómo podemos conseguir el dinero para el patio de juegos. —Sus ojos centellearon—. Podemos organizar visitas a mi granja.

—¡Gran cosa! —dijo Bruno.

—Podemos cobrar la entrada —dijo Tilly—. El dinero sería para el fondo del patio de juegos.

—Fuimos a una granja cuando estábamos en el jardín de niños —dijo Sally.

—Me gusta tu idea, Tilly —dijo la Sra. Frank—. Podemos estudiar agricultura ecológica como parte de nuestras lecciones de estudios sociales. ¿Qué tal si el resto de ustedes lo piensan?

—No voy a pagar para ir a una granja —gruñó Poppy Rose durante el recreo.

—La granja de Tilly es diferente —dijo Jeff—. Hay animales interesantes.

—Seguro que sí —dijo Bruno—. Un dragón mascota.

—Jeff siempre se pone del lado de Tilly Perkins —gruñó Sally—. Apuesto a que es una granja vieja y aburrida, con vacas y esas cosas.

¿Acaso a Tilly Perkins se le empañaron los ojos?

¿Acaso Tilly Perkins se puso mal?

No, de ninguna manera. Tilly Perkins estaba feliz.

—Todos los que vengan recibirán un regalo —dijo.

Tilly Perkins, tu no tienes ni idea de cómo conseguir dinero —dijo Sally—. Queremos *ganar* dinero, no regalarlo.

—Si lo dejamos en tus manos, nunca tendremos un nuevo patio de juegos —dijo Poppy Rose.

Después de clases, Jeff tomó su chaqueta.

—Te veo afuera —le dijo a Tilly.

Bruno salió de la escuela. —Vamos —dijo.

—Estoy esperando a Tilly —respondió Jeff.

—¿Por qué? —preguntó Bruno—. Ella vuelve a su casa en el autobús.

—Hoy no —respondió Jeff—. Sus padres van a salir y Tilly se queda en mi casa. Así lo arreglaron nuestras mamás.

—Yo nunca me quedo en tu casa —dijo Bruno.

—No te hace falta. Vives en la casa de al lado.

—Ya entiendo —dijo Bruno. Y empezó a cantar—: Jeff tiene novia. Jeff tiene novia.

—¡Basta! —dijo Jeff.

—Aquí estoy —gritó Tilly Perkins. Salió de la escuela dando brincos, saltos y saltitos—. Siento haber demorado. Tuve un problema con las botas. —Las botas de Tilly tenían pequeños botoncitos en el frente.

Jeff y Tilly iniciaron su camino. Bruno caminaba unos pasos atrás. Hacía ruido de besos con la mano. Jeff se sentía furioso. Se enfurecía con Bruno más y más.

—¿Qué pasa? —le preguntó Tilly.

—Bruno me enfurece —respondió Jeff.

—No le prestes atención —dijo Tilly—. Solo está bromeando.

Llegaron a la casa de Jeff.

—Que la pases bien con tu novia —les gritó Bruno.

Al día siguiente, Bruno no esperó a Jeff ni a Tilly para ir a la escuela. En la escuela, no les habló.

No me importa, se dijo Jeff. Pero sí le importaba. No sabía lo que le molestaba a Bruno.

Capítulo 2

Una solución apestosa

Durante el recreo, Jeff y Tilly vieron al Sr. Bronski, el conserje de la escuela. Miraba el atrio y parecía estar triste.

—¿Qué pasa, Sr. Bronski? —preguntó Tilly.

—Nuestro atrio es húmedo y deprimente. Los árboles están muertos. Las plantas parecen cansadas —respondió el Sr. Bronski—. El corazón de una escuela debe ser brillante y alegre, pero el nuestro es un lugar oscuro y espantoso.

El atrio era como un gran patio en medio de la escuela. El techo era de vidrio. Las paredes eran ventanas altas. Lo cruzaba un camino y en una esquina había un pequeño estanque.

En algún momento estuvo lleno de vegetación. Ahora muchas de las plantas habían muerto. Las otras se veían enfermas.

El Sr. Bronski suspiró. —Es mi culpa. No tengo buenos dedos para las plantas.

—Creo que quiere decir mano para las plantas, Sr. Bronski —dijo Jeff.

El Sr. Bronski había venido desde otro país a vivir aquí. Aprendió a hablar español leyendo los libros de la biblioteca de la escuela. Empezó con libros de ilustraciones y fue avanzando progresivamente. Recientemente, había estado leyendo libros de poesías.

—Lo que necesitan estas plantas —dijo Tilly Perkins— es una buena comida de abono bien descompuesto.

—¡Abono! —gritó Jeff haciendo muecas—. No estás hablando en serio, Tilly Perkins.

Pero sí estaba hablando en serio. —El año pasado, mi papá ganó el primer premio por sus tomates —dijo—. Eran grandes como pelotas de béisbol. Papá dijo que el secreto estaba en el abono.

—Tienes una idea correcta —dijo el Sr. Bronski—. Pero, ¿dónde voy a conseguir abono?

—Voy a pedirle a mi papá que le traiga un poco —dijo Tilly—. Tenemos muchísimo.

Después del recreo, Tilly levantó la mano y la agitó en círculos. —Sra. Frank —llamó sin esperar a que la Sra. Frank la viera—. ¡Adivine qué! Se me ocurrió otra idea para hacer dinero. Podemos vender abono.

Se oyó un coro de —¡Fuchi!, ¡qué apestoso!, ¡qué asco! —y muchas risitas.

—Suficiente —dijo la Sra. Frank.

—Tilly Perkins *tenía* que pensar en algo totalmente grotesco —dijo Poppy Rose.

¿Acaso Tilly Perkins perdió la paciencia?

¿Acaso Tilly Perkins perdió el control?

No, de ninguna manera. Tilly Perkins mantuvo la calma.

—El abono no es grotesco —dijo—. Y no tiene olor. No cuando está bien descompuesto. Es muy bueno para la tierra.

—Tienes mucha razón, Tilly —dijo la Sra. Frank—. Pero, ¿dónde lo conseguiríamos?

—En mi granja —respondió Tilly—. Mi papá estará contento de deshacerse de él.

—¿Quién no? —dijo Sally con una risita.

—Nadie va a comprar esa asquerosidad —dijo Poppy Rose.

—Claro que sí —dijo Tilly—. Pregúntale al Sr. Bronski. Va a poner un poco en nuestro atrio.

—La escuela va a apestar —dijo Sally.

—Tendríamos que ponerlo en bolsas —dijo la Sra. Frank ignorando a Sally—. ¿Quién estaría dispuesto a ayudar?

—Mi mamá no me dejaría —dijo Poppy Rose.

—Nosotros compramos nuestro fertilizante en la tienda —dijo Nick, uno de los mellizos Boyco.

—No tiene olor —dijo Alex, el otro mellizo.

—Ese es el tipo de abono que usamos nosotros —murmuraron varias personas. Nadie se ofreció a ayudar a Tilly.

—Yo la ayudaré —dijo Jeff.

—Seguro que sí —dijo Bruno—. Porque Tilly Perkins es tu novia.

Jeff frunció el ceño. Bruno se estaba poniendo bastante insoportable.

—Un solo ayudante no es suficiente —dijo la Sra. Frank.

Nadie dijo nada.

—Lo siento, Tilly —dijo la Sra. Frank—. Tendremos que pensar en otra cosa. Chicos, saquen los libros de matemáticas.

Durante el recreo, Tilly corrió hacia donde estaba Jeff. —¿Cuándo vas a venir a mi casa? —le preguntó.

—No tiene sentido, Tilly —dijo Jeff—. Vender abono no es una buena idea.

¿Acaso Tilly Perkins estuvo de acuerdo con Jeff?

¿Acaso Tilly Perkins le dio la razón?

No, de ninguna manera. Tilly Perkins defendió su idea. —Sí que lo es. Tenemos muchas bolsas de supermercado viejas. Podemos poner el abono allí.

—Nadie lo comprará —dijo Jeff—. El Sr. Bronski es la única persona del mundo que quiere abono.

—Mi mamá se lo pone a sus rosas —dijo Tilly—. Deberías comprarle un poco a tu mamá como regalo de cumpleaños.

—Mi mamá se asustaría —dijo Jeff—. Y no creas que el Sr. Bronski puede pagar por el abono. ¿Cuánto costará?

—Nada —dijo Tilly—. Mi papá le traerá un camión lleno.

Tilly Perkins es una niña muy amable, pensó Jeff. *Siempre trata de ayudar a las personas. Alguien debería ayudarla a ella.* —Muy bien

—dijo—. Iré a tu casa este fin de semana.

Luego del recreo, la Sra. Frank hizo un anuncio: —Si quieren comprar un perro caliente mañana al mediodía, traigan su dinero —dijo—. Los niños de sexto grado venderán perros calientes todos los viernes para juntar fondos para el patio de juegos. Y los lunes, los niños de tercer grado venderán galletas caseras. El grado que reúna más dinero para el fondo destinado al patio de juegos ganará un premio.

—¿Qué premio? —preguntó Bruno.

—Un viaje al parque acuático —respondió la Sra. Frank—. Pero sólo es para ir la semana antes de las vacaciones de verano.

—¡Yupi! —gritaron todos.

—Así que pónganse sus gorras de pensar —dijo la Sra. Frank—. No ganaremos el premio a menos que se les ocurra una buena idea para conseguir dinero. Y otra cosa: si la escuela junta dinero suficiente para pagar el equipo, el condado nos regalará la arena para poner debajo. Esa es una gran ayuda.

Al día siguiente, Tilly Perkins trajo dos bolsas de supermercado a la escuela. Las puso junto al escritorio de la Sra. Frank.

—Gracias, Tilly —dijo la Sra. Frank—. ¿Cuánto te debo?

—Un dólar —dijo Tilly—. Veinticinco centavos cada bolsa. Le traeré las otras dos bolsas mañana. Mi papá dijo que ponga el dinero en el fondo para el patio de juegos.

Poppy Rose arrugó la nariz y olfateó. —Aquí hay un olor raro —dijo.

—Solo desde que tú entraste —dijo Bruno.

—¡Ay, no! —dijo la Sra. Frank—. Deben ser estas bolsas.

Bruno agarró una bolsa. La movió debajo de las narices de Poppy Rose y Sally. —Aspiren una buena bocanada —les dijo.

Sally y Poppy Rose gritaron e intentaron esquivarlo.

—Niñas, dejen de hacer tanto alboroto —dijo la Sra. Frank—. Sólo es abono para mis tomates. Tilly tuvo la amabilidad de traérmelo.

—¿En el autobús escolar? —preguntó Sally.

Ella y Poppy Rose no podían dejar de reír.

—Jeff —dijo la Sra. Frank—, por favor, ¿podrías ir con Tilly a llevar estas bolsas a mi auto?

—Seguro, Jeff —dijo Bruno frunciendo el

ceño—. Ve a ayudar a tu novia. Su nariz ya había vuelto a la normalidad. La hinchazón había disminuido.

Jeff odiaba que le dijeran que tenía novia. Bruno comenzaba a sacarlo de quicio.

—Bruno, ven con nosotros —dijo Tilly Perkins—. Quiero decirte algo.

Las mejillas de Bruno se sonrojaron. —Bueno —dijo—. Traeré una de las bolsas.

Afuera, Tilly le dijo: —Bruno, el viernes, puedes venir a mi casa con Jeff. Los dos pueden quedarse.

—¿Por qué? —preguntó Bruno.

—Puedes ayudarnos a Jeff y a mí a poner el abono en bolsas —dijo Tilly—. La gente *pagará* por el abono. La Sra. Frank pagó.

—Muy bien —dijo Bruno—. Allí estaré.

Bruno se volvió loco, pensó Jeff.

Capítulo 3

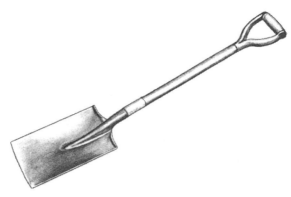

Regalos

El viernes, Jeff y Bruno fueron con Tilly a su casa en el autobús escolar.

Tan pronto como llegaron a la granja, Tilly les enseñó el lugar. Jeff ya lo había visto antes, pero fue con ellos. Tilly les enseñó a Mish y Mash, los gansos adiestrados; a Duchess, la puerca barrigona, y a Sugar Lamb, el toro.

Para entonces, ya era la hora de cenar. Fueron a la gran cocina de la granja.

Bruno pisó algo. —Hay algo debajo de la alfombra —dijo.

—Sólo es la trampilla de nuestro viejo silo subterráneo —dijo la Sra. Perkins.

—¿Qué es un silo subterráneo? —preguntó Bruno.

—Es un lugar en el que solíamos guardar las papas, las zanahorias, los tomates y mis remolachas enlatadas —respondió la Sra. Perkins.

—¿Puedo ver? —preguntó Bruno.

—Ooo . . ., no creo que quieras bajar allí —dijo la Sra. Perkins con una voz fantasmal—. Tilly lo llama el calabozo, ¿verdad, princesa? —Y rió con su risita ronca.

—Después de cenar, vamos a ir a hacer nuestras faenas —dijo el Sr. Perkins—. Ninguno de los tres baje al calabozo. Es muy peligroso.

—¿Están hablando en serio? —le preguntó Bruno a Tilly cuando se fueron el Sr. y la Sra. Perkins.

—Sí —dijo Tilly—. Vamos. Vayamos afuera.

Llevó a Jeff y a Bruno al viejo montón de abono que había detrás del granero. Había una pila de bolsas de supermercado listas. —Bruno, tú sostén las bolsas abiertas —dijo Tilly—. Jeff, tu llénalas de abono con la pala. Yo ataré las bolsas y las apilaré.

—Yo no voy a hacer todo el trabajo de llenarlas —dijo Jeff.

—No —dijo Tilly—. Cada uno de nosotros llenará tres bolsas, y luego cambiaremos lugares.

Después de un rato, Jeff paró a descansar.

—Tilly —dijo—, Poppy Rose y Sally no participarán en la visita a la granja y no cargarán abono, eso seguro. Y los otros niños siempre copian lo que ellas hacen. No te ilusiones demasiado.

—Yo sé cómo hacerlas venir —dijo Bruno—. Diles que podrán ver tu dragón.

—¿Qué dragón? —le preguntó Tilly.

—Solías decir que tenías uno —dijo Bruno.

—Pero ya no lo digo más —dijo Tilly.

—¿Por qué no? —preguntó Bruno.

—Porque no es verdad —dijo Jeff. Le entregó la pala a Bruno—. Tu turno.

Esa noche, Jeff y Bruno compartieron una habitación en el piso de arriba. Jeff quería dormir, pero Bruno no podía calmarse.

—Apuesto a que tiene al dragón en el calabozo —dijo—. Por eso no podemos bajar allí.

—No es un calabozo —dijo Jeff—. Es el silo subterráneo. Tilly le pone nombres de cuentos de hadas a todo. A esta altura ya deberías saberlo.

—Hay algo peligroso allí abajo —insistió Bruno—. Lo dijo la Sra. Perkins.

—Dijo eso para asustarnos —dijo Jeff.

—¿Por qué? —preguntó Bruno—. ¿Qué tan

peligrosas pueden ser las papas y las zanahorias?

Jeff se encogió de hombros. —No sé. —Y se puso a pensar—. Pero podrías caer de la escalera. Podrías romperte una pierna. Ahora vamos a dormir.

En vez de eso, Bruno fue hacia la ventana. Jeff estaba casi dormido cuando Bruno dio un silbido por lo bajo.

—Jeff —dijo en un susurro—. ¿Recuerdas esos lugares a los que Tilly llama palacios de cristal? Hay algo vivo en uno de ellos.

—Seguro —murmuró Jeff—, tomates y plantas tropicales.

—No, realmente —dijo Bruno—. Los tomates no tienen ojos. Vi ojos brillando. Creo que los iluminó la luz del jardín. Eran como ojos de gato.

—Bruno —se quejó Jeff—, Tilly tiene un montón de gatos. Estoy seguro de que algunos de ellos están en los invernaderos. Seguramente el Sr. Perkins no quiere que los ratones se coman los tomates. Olvídate de los dragones. Te estás poniendo tan mal como Tilly. Después de eso, se puso la almohada sobre la cabeza y se negó a escuchar.

Al día siguiente, llenaron más bolsas. Un par de veces, Bruno inventó alguna excusa para deambular por ahí. En cada ocasión, fue a uno de los palacios de cristal.

Mientras Bruno intentaba espiar a través del vidrio, Jeff recordó algo. —Tilly, ¿qué pasó con Iggy? —preguntó—. ¿Todavía lo tienes?

Tilly sonrió. —Lo mantengo en secreto —le dijo—. Es mi animal más raro. No digas nada. —Y llamó a Bruno—. Bruno, no abras las puertas. Papá no quiere que entre aire frío.

Bruno le guiñó un ojo a Tilly. —O que salga algún dragón —dijo.

—¿Acaso te volviste loco o algo así? —preguntó Jeff—. Los dragones no existen. Tú siempre lo decías.

—Tal vez cambié de opinión —dijo Bruno.

Jeff se dio por vencido.

—¡Uf! —dijo Bruno mientras el papá de Jeff los llevaba a casa desde la granja, la noche siguiente—. Me duele todo. Ser amigo de Tilly Perkins es un trabajo duro.

—No quiero volver a ver una bolsa de abono nunca más —estuvo de acuerdo Jeff. Él y Bruno volvían a ser mejores amigos. Todo había vuelto a la normalidad. Jeff se sentía feliz.

El lunes por la mañana, Tilly llamó a Jeff y a Bruno aparte. —Este cartel hará que la gente ayude —dijo—. ¡Miren!

GÁNATE UN VIAJE AL PARQUE ACUÁTICO. COLABORA CON EL FONDO PARA EL PATIO DE JUEGOS. LLENA UNAS POCAS BOLSAS CON ABONO. LUEGO VISITA LA GRANJA DE TILLY PERKINS. EXCURSIÓN GUIADA POR TILLY PERKINS. ANIMALES RAROS. VENTA DE PERROS CALIENTES, PALOMITAS DE MAÍZ Y REFRESCOS PARA AYUDAR A PAGAR EL NUEVO PATIO DE JUEGOS. REGALOS PARA TODOS LOS VOLUNTARIOS. VENGAN.

Jeff se quejó. —Regalos otra vez, no —dijo—. ¿Quién los va a pagar? Si prometes regalos y no los das, la gente se enfurecerá contigo. —Miró el tablero de anuncios—. De todos modos el tablero hoy está lleno. Haz otro cartel. Esta vez, olvida los regalos.

¿Acaso Tilly Perkins cambió de parecer?

¿Acaso Tilly Perkins cambió de opinión?

No, de ninguna manera. Tilly Perkins corrió los otros carteles hacia los costados y colocó el suyo.

Luego, se dirigió a hablar con la Sra. Frank.

Sally leyó el cartel. —¿Qué tipo de animales raros tiene Tilly Perkins? —preguntó.

—Solía decir que tenía un dragón —dijo Poppy Rose.

—¿Y qué hay del dragón, Jeff? —preguntó Sally—. No es que en realidad tenga uno, ¿verdad?

—De ninguna manera —dijo Jeff.

—Sí que lo tiene —dijo Bruno.

—No —dijo Jeff.

—¿Y tú qué sabes? —preguntó Bruno. Se veía muy seguro de sí mismo.

Poppy Rose miró a Sally. —Están ocultando algo. Tal vez debamos ir y ver qué sucede —dijo.

Sally se veía pensativa. —Si dan regalos, tal vez valga la pena ir —dijo—. Me pregunto qué será.

—Solo hay una forma de averiguarlo —dijo Bruno—. Vengan a llenar esas bolsas con abono.

Todos querían saber qué eran los regalos.

¿Acaso Tilly Perkins dio algún indicio?

¿Acaso Tilly Perkins respondió con evasivas?

No, de ninguna manera. Tilly Perkins aguantó.

—Tienen que venir y ayudar —dijo—. Recuerden,

es por una buena causa.

El Sr. Bronski pasó caminando. Generalmente, tarareaba alegremente y daba a todos los buenos días. Hoy se veía triste.

—¿Qué pasa, Sr. Bronski? —preguntó Jeff.

—La directora no permite el uso de abono en la escuela —dijo—. Creo que jamás veré nuestro atrio lleno de vegetación.

—Sr. Bronski —dijo Tilly—, ¿por qué no viene con nosotros a la excursión en la granja? Seguro le levantará el animo.

—Gracias, Tilly —dijo el Sr. Bronski—, pero el trabajo de un conserje nunca acaba. Tengo que lavar las ventanas de la escuela mientras ustedes no están, a pesar de que mañana mismo es mi cumpleaños.

—¡Eso es una pena! —exclamó Jeff.

El Sr. Bronski mantenía la escuela limpia y brillante. Ayudaba a las maestras a colgar las ilustraciones en los pasillos. *La escuela debería darle un regalo de cumpleaños,* pensó Jeff. Pero no se le ocurría ninguno.

Capítulo 4

La granja

El autobús escolar avanzaba por la carretera hacia a la granja de los Perkins. El sol brillaba. Los pájaros cantaban. Todos parloteaban en el autobús. *Qué pena que el Sr. Bronski no pudo venir,* pensó Jeff. *Esta hubiera sido una linda manera de pasar su cumpleaños.*

El autobús escolar dobló por el sendero de la granja. Tilly llegó corriendo a recibir a todos.

—Tilly Perkins debería usar jeans —dijo Poppy Rose.

—Las princesas no usan jeans —dijo Bruno. Soltó una risita y se sonrojó.

Jeff se preguntaba qué pasaba con Bruno.

—Tilly Perkins no es una princesa —dijo Poppy Rose—. Es un desastre.

El dobladillo de la larga falda de Tilly estaba lleno de lodo. Llevaba puesto un viejo sombrero de paja. Tilly los saludaba con la mano mientras saltaba sobre los charcos.

—No parece un desastre —dijo Jeff—. Parece feliz.

—¡Síganme! —gritó Tilly.

Al final del sendero, el Sr. y la Sra. Perkins los esperaban junto al portón para darles la bienvenida. La Sra. Perkins tenía puestas unas botas de goma y un suéter gris y desaliñado. El Sr. Perkins llevaba botas de goma y un overol amplio y desteñido.

Escucho una campana —dijo Sally—. ¿Hay algún incendio?

—Sólo son Mish y Mash, los gansos guardianes —dijo Tilly.

—No hay duda de que se hacen escuchar —dijo Poppy Rose. Se quedó atrás.

Bruno rió. —Miedosas —dijo—. Quédense a mi lado. Yo les enseñaré el lugar. Este lugar las sorprenderá. Corrió detrás de Tilly.

—Bruno está presumiendo —dijo Jeff—. Mish y Mash no les harán daño. Vamos.

Corrieron para alcanzarlos. Todos se habían detenido en el corral frente al granero. Al lado de la puerta del granero colgaba una campana. Un ganso grande y blanco tiraba de la cuerda de la campana. ¡Tang! ¡Tang! La campana se mecía y repicaba.

Allí cerca, atada a la puerta del granero, había una vieja tina de lavar. Junto a ella, en el extremo de una cuerda, se balanceaba un viejo cubo de goma. Un segundo ganso, con las alas extendidas, arremetía contra el cubo de goma. *¡Crag!* hizo el cubo contra el fondo de la tina de lavar.

Tilly Perkins sopló un silbato. Mish dio un último tirón a la cuerda de la campana. Mash fue por última vez hasta la tina de lavar. Todos rieron.

Tilly les arrojó unos granos. —Mish y Mash solían atacar a los visitantes —dijo—. Ahora en vez de eso atacan la campana y la tina de lavar.

—¡Gracias a Dios! —dijo Poppy Rose.

—Estos gansos son los primeros animales que Tilly entrenó —dijo la Sra. Perkins—. ¿Verdad princesa?

Tilly sonrió. —Ahora debemos ponernos a trabajar —dijo—. Por allí, en la esquina del granero, hay una pila de bolsas plásticas de supermercado usadas. Tomen las que necesiten. Aquellos que trajeron bolsas de basura pueden usarlas en su lugar. Podemos cobrar las bolsas grandes más caras que las pequeñas. Aquí afuera encontrarán un montón de abono bien descompuesto. Lo mejor es trabajar en grupos de tres. Dos que sostengan la bolsa abierta, uno que la llene.

Poppy Rose y Sally se quejaron. —Jeff, ven a trabajar con nosotras —dijo Poppy Rose—. Trajimos bolsas de basura.

Jeff miró a Bruno.

Bruno alzó el mentón con arrogancia. —Yo ayudaré a Tilly Perkins y a la Sra. Frank a apilar las bolsas cargadas —dijo.

—Muy bien —dijo Jeff a Sally y a Poppy Rose—. Pero yo no voy a hacer todo el trabajo de cargarlas. Nos turnaremos.

—Naturalmente —dijo Sally—. Las niñas son igual de fuertes que los niños.

—¿Lo son? —preguntó Poppy Rose. Y suspiró.

—Cuando te canses, sólo piensa en el parque infantil —dijo Jeff.

—Y en el parque acuático —agregó la

Sra. Frank. —No permitiremos que los de primer grado se lleven el premio, ¿verdad? A las diez y media nos detendremos para tomar jugo y comer galletas. Y Tilly nos llevará a ver otro de esos animales tan interesantes que tiene. Mientras tanto, no quiero oír nada de quejas. Esta es una buena oportunidad para que aprendan sobre los métodos de la agricultura orgánica, y sobre el trabajo duro.

Pareció como si las diez y media no llegaran nunca. Finalmente, tuvieron su recreo. Luego, Tilly pidió a todos que la siguieran.

—Espero que no tengamos que caminar tan lejos —dijo Poppy Rose—. Estoy agotada.

Tilly se detuvo junto a la porqueriza. —Aquí tenemos a Duchess, la puerca barrigona —dijo.

—Está embarrada —dijo Sally—. Le haría bien una buena fregada.

—Y un desodorante —dijo Poppy Rose.

¿Acaso Tilly Perkins se ofendió?

¿Acaso Tilly Perkins se enojó?

No, de ninguna manera. Tilly Perkins se veía llena de picardía.

—Duchess es muy limpia —dijo—. Y muy inteligente.

Duchess corrió hacia la esquina de su porqueriza

donde había un abrevadero de metal lleno de agua. Desde el abrevadero subía un caño alto con una boquilla en el extremo. Abajo al lado del caño colgaba una cuerda. La cuerda tenía un pequeño lazo en el extremo. Duchess metió su pequeño hocico en el lazo y movió la cabeza.

—¿Qué es lo que esa puerca loca intenta hacer? —preguntó Poppy Rose.

Ella y Sally se habían apoyado sobre la valla para ver mejor. Duchess continuaba moviendo la cabeza. De repente salió un chorro de agua por el caño. Cayó sobre el barro y salpicó a Poppy Rose.

—Se está dando una ducha —dijo Nick Boyco.

—¡Ay! —exclamó Poppy Rose—. ¡Me embarró el jeans!

—Y la blusa —dijo Sally—. Detente, puerca sucia —le gritó a Duchess.

Duchess gruñó. Movió la cabeza con más fuerza. Cuanto más fuerza hacía para mover la cabeza, más agua caía. Esta vez salpicó a Sally. Todos gritaban de risa. Todos excepto Poppy Rose y Sally.

—Debería usar jabón —dijo Poppy Rose

olfateando con desaprobación.

—El jabón es malo para su piel —dijo Tilly—. El barro la mantiene suave.

—Continuemos —dijo la Sra. Frank.

—Quiero ver más animales —dijo Alex.

—Yo no estoy segura de querer ver más —dijo Poppy Rose haciendo un mohín—, si son así. —Se refregó el jeans salpicado de barro con un pañuelo de papel.

—¿Cuándo vas a mostrarnos tu dragón? —preguntó Sally. Le dio a Poppy Rose un codazo astuto.

—Los dragones no son mascotas para una granja —dijo Tilly.

—Significa que no tienes uno —dijo Sally.

—Sí que tiene —dijo Bruno.

—No, no tiene —dijo Jeff.

—Que sí —repitió Bruno dando una mirada furiosa a Jeff.

—Que no —dijo Jeff devolviéndole la mirada furiosa.

—¡Niños! —gritó la Sra Frank—. Ya es suficiente. Creí que eran mejores amigos. Los mejores amigos no pelean.

A Jeff no le gusta que lo reten delante de

todos. Todo por culpa de Bruno, por no decir la verdad. Le dio la espalda a Bruno y siguió a Tilly. Ella se detuvo frente a un pequeño corral. Había un toro completamente solo parado en el corral.

—Qué animal tan majestuoso —dijo la Sra. Frank.

El toro giró su enorme cabeza para verlos a todos.

—¡Fabuloso! —dijo Bruno.

—Se llama Sugar Lamb —dijo Jeff—. Pero debería llamarse Ferdinando. —Como algunos de los niños parecían confundidos, les explicó—. A Ferdinando le gustaba oler las flores, no pelear.

Sugar Lamb galopó por el corral. No parecía que quisiera oler las flores. Parecía que quería sacudir a algunas personas. Hubo un revuelo loco más allá de la valla. Bruno le pisó el pie a Jeff.

—¡Ay! —gritó Jeff. Y comenzó a dar saltos agarrándose el pie dolorido.

El toro se detuvo con un resbalón. La valla se sacudió. Sugar Lamb sacó la cabeza por sobre la valla. Le salía vapor por la nariz. Todos miraban desde una distancia segura, listos para correr.

Capítulo 5

El que más le gusta es Bruno

Bruno se subió a la valla. El toro se acercó.

—¡Se va a comer a Bruno! —gritó Poppy Rose.

—Déjalo —dijo Sally tomando a Poppy Rose del brazo—. Así el toro se olvidará de nosotras.

La gorra de Bruno se asomaba por la boca del toro.

—¡Ay! —exclamó la Sra. Frank —Bruno, ten cuidado. Esa valla no parece muy resistente.

Bruno, que había palidecido un poquito, se serenó. —Todos, den un paso hacia atrás —dijo. Se paró justo fuera del alcance del toro—. Escúchame, Sugar Lamb —le dijo—, no te atrevas a sacudir a nadie. No queremos sangre desparramada por todo el lugar. Tomó un poco de hierba verde y fresca de su lado de la valla y se la ofreció al toro. —Dame mi gorra.

Sugar Lamb giró la cabeza hacia un lado y abrió la boca. La gorra de Bruno cayó al suelo. Sugar Lamb enroscó su lengua en la hierba. Bruno acarició la nariz de Sugar Lamb.

—¡Vaya! —exclamó Nick—. Bruno realmente le enseñó a ese toro.

—No le tengo miedo a los animales feroces —fanfarroneó Bruno.

Jeff quería vomitar. Sugar Lamb no lastimaría ni a una mosca. Tilly Perkins lo había criado desde que era ternero y Bruno lo sabía.

—Tilly Perkins sí que tiene animales peligrosos en su granja —se quejó Poppy Rose—. No deberían permitirle tenerlos.

—Desearía no haber venido —dijo Sally.

—Tilly —dijo la Sra. Frank—, ¿podemos seguir? Sally y Poppy Rose ya se marchaban bajando por el camino.

—Bruno, ¿Tilly tiene realmente un dragón?

—preguntó Nick—. ¿Cuándo vamos a verlo?

—Tendrán que esperar —respondió Bruno—. Ahora mismo, tenemos que volver a trabajar.

Esta vez parecía como si les tomara mucho más tiempo llenar cada bolsa. Jeff se cansó de oír a Poppy Rose y a Sally gruñir y quejarse.

Bruno pasó camino al baño.

—Quiero ver el dragón de Tilly Perkins —dijo Sally—. ¿Dónde lo guarda, Bruno?

—Es un secreto —respondió Bruno.

—Tilly no tiene un dragón —dijo Jeff—. Bruno lo está inventando todo.

—¿Cómo es que de repente te pones en contra de Tilly? —le gruñó Bruno a Jeff—. Creí que eras su amigo.

—*Soy* su amigo —respondió Jeff—. Por eso mismo no quiero que inventes cosas sobre dragones. Todos se reirán de ella o la llamarán mentirosa.

—No es así —dijo Bruno—. Sí *hay* un dragón. Lo vi en uno de los palacios de cristal.

—No es así —dijo Jeff.

—¡Hora del almuerzo! —llamó la Sra. Frank.

Bruno salió corriendo. No esperó a Jeff.

Jeff siguió a los otros hasta el lugar del picnic.

No tenía ganas de correr.

—Jeff —le dijo Poppy Rose cuando llegó—, puedes comer el almuerzo con Sally y conmigo. Bruno está comiendo con Tilly Perkins.

Jeff dudó. Miró a Bruno y a Tilly. Estaban riendo. Jeff fue a comprar un perro caliente y una manzana. Luego se sentó con Sally y con Poppy Rose. Alex y Nick se les unieron. Sally y Poppy Rose ignoraron a los mellizos.

—Me alegra que ya no seas amigo de Tilly Perkins, Jeff —le dijo Poppy Rose—. Ahora puedes ser nuestro amigo.

Jeff casi se atora con el perro caliente. —¿Quién dice que ya no soy amigo de Tilly? —preguntó.

Poppy Rose lo miró como si sintiera pena por él.

—Le gusta más Bruno —dijo Sally—. Cualquiera puede darse cuenta de eso.

Jeff miró a Tilly y a Bruno. Bruno se reía con tanta fuerza que rodaba sobre la hierba. *Desearía que todavía fuera invierno,* pensó Jeff. *Llenaría la inmensa boca de Bruno con nieve. A ver si eso le parece tan gracioso.*

—¿Cuál es el regalo? —preguntó Poppy Rose.

—No lo sé —respondió Jeff—. Tilly no me lo dijo.

—Le preguntaremos a Bruno —dijo Sally—. *Él* lo sabrá.

Jeff ya no tenía hambre. Se sentía muy triste. Tiró el resto de su perro caliente a la basura y se guardó la manzana en el bolsillo. Tal vez se la comiera después.

La Sra. Frank se incorporó. —Después del almuerzo, vamos a llenar más bolsas. Y luego, creo que Tilly tiene otro animal para mostrarnos. A las tres en punto, vendrá el autobús a buscarnos para llevarnos de regreso a la escuela.

Tilly Perkins se paró junto a la Sra. Frank. Sonrió a todos. —Gracias por trabajar tan arduamente. Tenemos mucho abono para vender —dijo—. No olviden su regalo. Pueden pasar a recogerlo por el granero antes de partir.

Alguien le dio un codazo en las costillas a Jeff. Era Bruno. Su sonrisa era tan grande que su boca parecía una banana. —Espera a ver lo que son los regalos —se burló—. A Poppy Rose le dará un ataque. Corrió hacia donde estaba Tilly.

¡Ay, no! pensó Jeff. *Esto me huele a problemas.* Sin importar lo que dijeran Poppy Rose y Sally,

él aún era amigo de Tilly. Tal vez pudiera disuadirla.

—Hola Jeff —gritó Tilly alegremente cuando él se le acercó.

—¿Qué *es* lo que quieres? —gruñó Bruno.

—Tilly —dijo Jeff—, por favor, olvida el regalo. Si no es algo bueno, sólo lograrás que se enfurezcan contigo.

¿Acaso Tilly Perkins lo meditó?

¿Acaso Tilly Perkins lo pensó dos veces?

No, de ninguna manera. Tilly Perkins pensó que ella tenía razón. —No te preocupes, Jeff —le dijo—. Todo saldrá bien. —Se incorporó—. Es hora de volver a trabajar.

Jeff suspiró. Cuando Tilly Perkins tomaba una decisión era difícil hacer la cambiar de opinión.

Bruno sonrió. —Sé lo que es el re-ga-lo —cantó.

—¿A quién le importa? —dijo Jeff. Pero sí le importaba. Esa tarde llenó el doble de la cantidad de bolsas que los demás.

Finalmente, Tilly Perkins puso fin a la tarea.

—Escuchen todos —dijo—. Antes de partir, tengo otro animal raro para mostrarles. Jeff, espera cinco minutos, y luego tú y Bruno traigan a todos a los palacios de cristal.

—Espero que sea su dragón —dijo Nick.

—Estás de suerte —dijo Bruno—. Eso es exactamente. Miró a Jeff triunfalmente. —Te dije que lo vi allí.

—¿Es feroz? —preguntó Alex.

—Definitivamente —respondió Bruno—. La cola de un dragón es un arma fabulosa. Puede derribarte en un instante. Luego te agarra con sus terribles garras. Y te despedaza con sus terribles colmillos.

Jeff no podía creer lo que oía. ¿Cómo era Bruno capaz de decir bestialidades semejantes?

—Síganme —dijo Bruno.

Afuera de los invernaderos, los esperaba Tilly con su animal raro.

—Él es Ignacio —dijo Tilly—. Le decimos Iggy. —Iggy se sentó en un muro bajo y con la cara hacia el sol. Todos se pararon a cierta distancia para admirarlo.

—¡Vaya! —gritó Nick—. Miren sus escamas.

—Debe medir como una yarda —dijo Alex.

—Incluida su cola —dijo alguien más.

La Sra. Perkins llamó desde el granero.

—Tilly, ven aquí un minuto, princesa. Es sobre los regalos.

Bien, pensó Jeff. *Tal vez el Sr. y la Sra. Perkins le pongan fin a esto de los regalos.*

—Volveré en un minuto —dijo Tilly y corrió hacia el granero.

Bruno tomó su lugar.

—¿Cómo es que el dragón no te ataca, Bruno? —le preguntó Poppy Rose.

—Podría —respondió Bruno—. Estoy aquí para protegerlas.

—No es un dragón —dijo Jeff—. Es una iguana.

Bruno se volvió hacia Jeff. —¿Quién te preguntó? —dijo—. Es un dragón de Komodo. Los vi en la televisión. Son lo suficientemente fuertes como para matar a una persona.

Jeff sacó la manzana de su bolsillo, cortó un pedacito con los dientes y se lo ofreció a Iggy. La iguana lo tomó y masticó.

—¡Qué pedazo de dragón! —dijo Poppy Rose.

Todos rieron. Todos menos Bruno.

Capítulo 6

El calabozo

Tilly Perkins regresó. —Antes de que recojan sus regalos, papá les mostrará nuestra alpaca y su bebé —anunció.

—¿Y qué hay de Iggy? —preguntó Nick—. ¿No escapará?

—No —dijo Tilly—. Le gusta tomar el sol.

—¿Y qué pasa si se va el sol? —preguntó Sally.

—Se va al palacio de cristal —respondió Tilly—. Allí está cálido.

—¿Qué ocurre en invierno? —preguntó Alex.

—Se queda en la casa —dijo Tilly—. Papá le instaló una lámpara de calor.

—Vengan por aquí —los llamó la Sra. Frank, caminando adelante—. Es hora de ver las alpacas.

—¿Tenemos que hacerlo? —musitó Poppy Rose.

—Nick y yo estamos muy cansados. Preferiríamos quedarnos aquí —dijo Alex.

—Está bien —dijo Tilly—. Jeff y Bruno pueden cuidarlos. Ellos ya han visto las alpacas antes. Les diré a la Sra. Frank y a papá que están aquí. Nos vemos después. —Corrió hacia la Sra. Frank y los otros.

Luego de un rato, Poppy Rose gruñó: —Iggy es una mascota rara, pero no es un dragón. Mentiste Bruno.

Bruno se puso colorado. —Tilly *sí* tiene un dragón —dijo fanfarroneando—. Es solo que no quiere que nadie lo sepa.

—No, no tiene —dijo Jeff—. Solo a Iggy.

—Eso es lo que tú crees —dijo Bruno.

—¿Dónde lo esconde? —preguntó Alex.

—Eso, ¿dónde, Bruno? —preguntó Jeff—. Cuéntanos.

De repente Bruno se iluminó con una idea. —En el calabozo —respondió.

—No hay calabozos en las granjas —dijo Sally.

—En esta sí —dijo Bruno—. Hay una trampilla secreta debajo de la alfombra de la cocina. Yo la vi.

—No es un calabozo —dijo Jeff—. Es un viejo silo subterráneo.

—Quiero verlo —dijo Nick.

—Yo también —dijo Poppy Rose—. Quiero ver si Bruno dice la verdad.

—No es correcto andar husmeando en las casas de los demás —dijo Jeff.

—Jeff tiene razón —dijo Bruno—. Quisiera mostrarles pero no puedo. No es correcto.

A Bruno no le importa ser correcto, pensó Jeff. Lo que pasa es que no quiere que se den cuenta de que no está diciendo la verdad. ¡Yo le enseñaré!

—Bueno —dijo Jeff—, siempre y cuando tengamos cuidado. Vamos. Les mostraré. —Se levantó y caminó hacia la casa.

Los demás lo siguieron. Todos excepto Bruno. Bruno se quedó atrás.

Jeff quitó la alfombra en forma de óvalo que cubría la trampilla. —Con cuidado —dijo—. La puerta es pesada.

Deslizó el cerrojo hacia atrás, tiró del anillo de metal y empujó. La puerta crujió y chirrió. Era aún más pesada de lo que Jeff pensaba.

Nick y Alex deslizaron sus hombros por debajo de la puerta. Apoyaron el peso de la puerta sobre sus espaldas. Sally y Poppy Rose hicieron lo mismo. Todos menos Bruno se arrodillaron alrededor del hoyo del piso.

—No veo nada —se quejó Poppy Rose.

—Sabía que no lo podrían ver —dijo Bruno. Se metió entre ellos y miró hacia abajo también—. Probablemente, el dragón esté escondido en un rincón.

—¡Bruno! —exclamó Jeff—. Los dragones no existen. Un dragón es un monstruo mítico.

Sally arrugó la nariz. —Hay un olor raro allí abajo —dijo.

—Así es como huelen los dragones —dijo Bruno.

Alex se estremeció. —Sentí la respiración de alguien en mi cara.

—Respiración de dragón —dijo Bruno.

—Sólo es una corriente de aire —dijo Jeff—. Hay una vieja puerta de madera que da hacia afuera.

El sol se había movido y entraba por la ventana de la cocina. Un rayo de sol llegó hasta el silo.

—¡Miren! —chirrió Poppy Rose—. ¡Un rubí! Lo veo brillar. ¡El tesoro del dragón! Estaba tan entusiasmada que casi cae de cabeza dentro del silo.

—Es un ojo —susurró Bruno—. Todo rojo e inyectado en sangre.

—Sólo es el sol brillando sobre los viejos frascos de remolachas —dijo Jeff.

Nadie lo oyó.

—¡Esperen! —susurró Sally temblando—. Hay algo tirado en el piso.

—¿Qué les dije? —dijo Bruno—. Es el dragón.

—Ustedes sí que me hacen enojar —gritó Jeff—. Cuando Tilly Perkins hablaba de dragones, ustedes se reían de ella. Entonces, ¿por qué escuchan a Bruno? No existe el dragón. Eso es sólo una pila de bolsas viejas.

—¿Y *tú* cómo lo sabes? —preguntó Bruno—. Apuesto a que ni siquiera has estado allí abajo.

—Tal vez baje ahora —dijo Jeff.

—A que no —dijo Bruno.

Capítulo 7

Completamente solo

Así que Jeff tuvo que bajar. Bajó por las escaleras hasta llegar al silo. El piso era de barro, húmedo y un poquito resbaloso. Allí abajo, el olor a rancio era peor. La luz que ingresaba por la trampilla no llegaba bien hasta los rincones. Se veían formas oscuras y abultadas apoyadas contra las paredes. Jeff creyó ver que una de ellas se movía.

—¡Jeff, cuidado! —gritó Poppy Rose—. ¡El dragón! Junto a tus pies.

Asustado, Jeff saltó y pateó la pila de bolsas. No pudo evitarlo. Algo salió corriendo de entre la pila. Al volver a apoyar el pie en el piso, pisó algo horripilante y espeluznante. Sintió algo viscoso. Se estremeció.

Los dragones no existen, se decía. Pero el corazón aún le latía muy fuerte. —Mira lo que has hecho, Poppy Rose —gritó—. Me has hecho pisar una salamandra.

—¡Qué asco! —dijo Poppy Rose.

—¡Qué grotesco!—dijo Sally.

Y de repente, Jeff pensó: ¿y si se les cae la puerta? Quedaré aquí *atrapado en la oscuridad.* —Voy a subir —les dijo despavorido—. De todas formas, no hay nada aquí.

—¡Deténganse! —gritó Tilly Perkins desde la puerta de la cocina. Gritó tan fuerte que se le cayó el sombrero. —No entren al calabozo. ¡Cierren la trampilla!

Sus gritos asustaron a Jeff. Se resbaló y cayó por las escaleras. Sin detenerse a pensar en sus rasguños y moretones, subió nuevamente la escalera a toda velocidad. Logró salir justo un segundo antes de que los otros dieran un salto y dejaran caer la puerta con un estallido. La puerta casi le aplasta los dedos a Nick.

—¡Ay! —gritó Alex—. Me pegué con el borde en la cabeza.

Jeff estaba mareado. No deberían haber abierto la trampilla. Alguien podría haber

salido gravemente lastimado. —Todo es culpa de Bruno —gritó.

Poppy Rose tomó a Tilly por el brazo. —Tilly Perkins —le dijo—, ¿hay realmente un dragón allí abajo?

—Ya no —respondió Tilly.

—¡Tilly! —gritó Jeff—. No *hubo* nunca un dragón. Te lo inventaste.

—Puede inventarse lo que quiera —dijo Sally—. Es su calabozo.

—No me lo inventé —dijo Tilly—. Lo vi una vez cuando era pequeña. Bajé allí con mamá. Claro que en aquél entonces era un bebé. Todavía tenía los ojos cerrados.

—Te apuesto a que tu mamá te dijo que era un dragón para mantenerte alejada de allí —dijo Jeff—. Sólo era una salamandra. Yo pisé una.

—¡Ay! —exclamó Tilly—, ¡pobre bebé! —Se refería a la salamandra, no a Jeff.

—¿Qué pasó con el dragón? —preguntó Nick.

—Creció —dijo Tilly—. El calabozo no es lo suficientemente grande para un dragón adulto, así que le abrimos la puerta de afuera y voló en busca de otra guarida.

—Qué bueno —dijo Poppy Rose—. Yo no querría un dragón viviendo bajo el piso de mi casa. Podría comerse a tus hermanitos, si los tuvieras.

—O a la gente que viene a visitarte —dijo Sally—. Pero entonces, si el dragón se fue, ¿por qué no podemos abrir la trampilla?

—Podrían lastimarse —dijo Tilly.

—Pero *sí* me lastimé —dijo Jeff—. No deberías gritarle a la gente, Tilly Perkins. Podría haberme matado.

—No es culpa de Tilly Perkins —dijo Poppy Rose—. Tú y Bruno deben dejar de pelear por ella. Entonces, tal vez sean amigos otra vez. Ya es hora.

Jeff se sonrojó. —No estamos peleando por Tilly Perkins —dijo—. Al menos yo no. Estamos peleando por algún estúpido dragón.

—De ninguna manera —dijo Poppy Rose—. Están celosos uno del otro.

¿Acaso Tilly Perkins se puso sensiblera?

¿Acaso Tilly Perkins se puso sentimental?

No, de ninguna manera. Tilly Perkins estaba seria. —Los dragones traen problemas. Así fueron hechos. Por suerte yo me libré del mío.

—Levantó su sombrero y se lo puso en la cabeza—. Vine a decirles que ya está por llegar el autobús escolar. —Giró sobre sus talones y dijo por encima del hombro—: Vengan a buscar sus regalos.

Bruno caminó hacia el autobús junto a Jeff.

—¿Quieres saber lo que es el regalo? —preguntó.

—Seguro —dijo Jeff.

Bruno le susurró algo al oído.

—No escupas —dijo Jeff.

—No puedo evitarlo —dijo Bruno balbuceando—. Es gracioso. Finalmente, se las arregló para decir el secreto.

—¡Por Dios, no! —gritó Jeff—. Los otros niños se enfurecerán. ¡Vamos! Tenemos que detenerla.

—Tan rápido como se lo permitió su pierna lastimada, cojeó hasta el portón de la granja.

Capítulo 8

¡Pero qué regalo!

Jeff y Bruno llegaron demasiado tarde para detener a Tilly. Junto al portón de la granja, había una pila de abultadas bolsas de supermercado. Jeff las reconoció. Eran las bolsas que él y Bruno habían llenado cuando se quedaron en la granja. El Sr. Perkins y Tilly ya estaban repartiendo las bolsas.

—Me pregunto qué será el regalo —dijo Sally.

—Verduras —supuso Poppy Rose—. Ojalá que no me toque brócoli.

El Sr. Perkins le entregó una bolsa a Poppy Rose. Tilly le dio una a Sally.

Poppy Rose intentó ver qué había adentro de la bolsa, pero estaba atada por las agarraderas. Se acercó más a la bolsa y espió en su interior. Olfateó.

—Huele como las bolsas que Tilly le llevó a la Sra. Frank —dijo—. ¡Fuchi! ¡Es abono!

Bruno se moría de la risa. —Mira sus caras —balbuceó—. Me encanta. Sencillamente, me encanta.

Para entonces, otras personas también habían recibido sus regalos. —¿Abono? —gritaron—. ¡Pero qué regalo! Nosotros llenamos estas bolsas.

¿Acaso esto hirió los sentimientos de Tilly Perkins?

¿Acaso Tilly Perkins se enojó?

No, de ninguna manera. Tilly Perkins se veía feliz. —No es así —dijo—. Lo hicieron otras personas. Esto sólo son muestras gratis. Regálenlas a sus parientes y amigos. Díganles que tenemos muchas más para la venta, a veinticinco centavos la bolsa. El dinero es para el fondo para el patio de juegos. ¿Quién quiere otra bolsa?

Nadie habló. Miraban furiosamente a Tilly.

Jeff se dio cuenta de que Tilly tenía problemas. —Quisiera llevarme ocho bolsas, por favor —dijo—. Mi madre necesita abono para sus rosas. El lunes llevaré el dinero a la escuela y lo pondré en el fondo.

Bruno miró fijamente a Jeff. —¿Ocho bolsas de abono? ¿Estás loco? —le dijo. Luego se dio cuenta de que Jeff intentaba ayudar a Tilly.

—Para mí doce bolsas más, por favor —dijo la Sra. Frank.

—¿Alguien más? —preguntó Tilly.

—Yo no quiero ni siquiera una bolsa —dijo Poppy Rose—. Te devuelvo mi regalo.

—Mi madre me matará si le llevo esto a casa —dijo Sally.

Nick y Alex tampoco querían sus bolsas.

—Aguarden un minuto —exclamó la Sra. Frank. Estaba enojada y la cara se le puso roja—. ¿Dónde están sus modales? Cuando alguien les da un regalo, ¿ustedes dicen que no les gusta? No, ¿no es cierto? Alguien trabajó muy duro para llenar esas bolsas.

—Eso es verdad —dijo Bruno.

Sally se dio vuelta y le dio una mirada furiosa a Jeff. —Nos dijiste que no sabías qué era —dijo.

—No sabía que Tilly las iba a regalar —respondió Jeff—. No hasta que fue demasiado tarde.

—Bruno sabía —dijo Poppy Rose.

Todos los niños se alinearon frente a Bruno. Tenían una mirada furiosa y de odio en los ojos. Gruñían y se quejaban. Hacían rechinar los dientes y apretaban los puños.

Bruno retrocedió. —¿No se aguantan una broma? —se defendió.

—Y nos prometiste un dragón —dijo Sally.

—Lo prometiste —acordaron Nick y Alex.

—¡Esperen! —suplicó Bruno—. Creí que había visto un dragón. No es culpa mía que al final fuera una iguana.

Todos se acercaron un poco más a Bruno.

Las mejillas de Bruno, generalmente sonrosadas, se pusieron blancas. La mayoría de las veces, se veía bravucón. Pero ya no. Ahora se veía pequeño y asustado. Jeff sabía cómo se sentía. Recordó el calabozo.

—Yo sólo quería ayudar a Tilly —se quejó Bruno—. Estábamos tratando de reunir dinero para el nuevo patio de juegos. Y ganar el viaje al parque acuático.

Jeff recordó cómo siempre quiso que a la gente le gustara Tilly. Ahora a Bruno *sí* le gustaba. Entonces, ¿por qué estaban peleándose él y Bruno? Tres personas pueden ser amigos

entre sí, no solo dos. Tomó una decisión.

Jeff se paró junto a Bruno y le puso una mano sobre el hombro. —Bruno tiene razón —dijo—. Ustedes son los únicos culpables de esto. Ninguno de ustedes quería ayudar con el abono, pero nadie tuvo una idea mejor. Sólo vinieron porque Bruno habló de un dragón y Tilly prometió regalos.

—¡Es cierto! —dijo Bruno—. Jeff y yo somos amigos, y los amigos se apoyan mutuamente. Tendrán que enfrentarnos a ambos.

—Deténganse —dijo la Sra. Frank—. Estoy de acuerdo con Jeff. No es justo culpar a Bruno. Pero no habrá pelea. Todos, suban al autobús.

—Finge que olvidas la bolsa —susurró Poppy Rose a Sally.

— Ni siquiera lo intenten —dijo la Sra. Frank.

El Sr. Perkins cargó las bolsas de la Sra. Frank en el autobús. Tilly y Bruno le ayudaron a Jeff con sus bolsas.

—Que no se les abran esas bolsas —gruñó el conductor del autobús—. O se quedarán a limpiar.

—Tilly —dijo Jeff—, te advertí sobre los

regalos. Los otros niños no nos perdonarán tan fácilmente.

¿Acaso Tilly Perkins se asustó?

¿Acaso Tilly Perkins se marchó?

No, de ninguna manera. Tilly Perkins se tomó un tiempo antes de dar una explicación.

—Algunas personas no entienden el abono —dijo—. El Sr. Bronski sí entiende. Para él ninguna cantidad sería suficiente. Es una pena.

—Es cierto —dijo Jeff—. No es justo.

—Nos vemos el lunes en la escuela, chicos —gritó Tilly. Salió del autobús dando un salto. Mientras se alejaban, Tilly Perkins los saludaba agitando el sombrero de paja—. Adiós —gritaba—. Gracias por venir.

—Tilly Perkins nunca sabe cuando tiene problemas —le dijo Jeff a Bruno.

Poppy Rose se inclinó en el respaldo de su asiento. —Ya que a ustedes dos les gusta tanto el abono —dijo—, le diremos a los niños que arrojen todas las bolsas en sus jardines del frente.

—Mamá y papá me culparán por esto —se lamentó Bruno—. *Me* harán sacar todo con una carretilla. Tilly Perkins dice que no tiene olor, pero sí tiene. —Arrugó la nariz.

—El abono bien descompuesto no tienen un olor fuerte —dijo Jeff—. Pero cuando lo metes todo en un autobús . . . y es un día cálido . . . bueno, se empieza a sentir.

—Tilly Perkins puede meterlo a uno en muchos problemas —se quejó Bruno—. ¿Qué vamos a hacer?

¿Acaso Jeff se veía nervioso?

¿Acaso Jeff estaba inquieto?

No, de ninguna manera. Jeff se veía jubiloso.

—Se me acaba de ocurrir una idea —dijo.

—¡No, por favor! —se quejó Bruno—. Hablas como Tilly Perkins.

Jeff le dijo a la Sra. Frank que quería hacer un anuncio.

—Adelante, Jeff —le dijo la maestra.

—Escuchen todos —dijo Jeff—. Tengo una propuesta para hacerles.

Nadie le prestó atención.

—Es acerca del abono —dijo.

Todos dejaron de hablar y levantaron las orejas.

—Hoy es el cumpleaños del Sr. Bronski —dijo Jeff—. Él no pudo venir a la visita a la granja porque tenía que lavar las ventanas.

Pero le encantaría tener grandes cantidades de abono para el atrio.

Antes de que Jeff continuara, Alex gritó: —Puede quedarse con el mío y con el de Nick.

—Y con el mío. —Con el mío también. —Todos los otros niños se sumaron.

La Sra. Frank se incorporó. —Dejen de gritar —dijo—. Jeff, no estoy segura sobre esto. Podrías meter al Sr. Bronski en problemas. Al personal de la escuela no le gustará. Yo soy la única que está a favor de usar abono en el atrio.

—No podrán culpar al Sr. Bronski —dijo Jeff—. Él no puede rechazar sus regalos de cumpleaños. Eso no es correcto.

La Sra. Frank abrió la boca y la volvió a cerrar.

—Llevaremos las bolsas con mucho cuidado —dijo Jeff.

—Entrarán en la escuela en fila —dijo la Sra. Frank—. Y sin hablar.

El autobús se detuvo afuera de la escuela. Todos entraron de puntillas. La directora de la escuela salió de su oficina para recibirlos.

—¿Esos son los regalos? —les preguntó.

—Sí —respondió Jeff—. Pero se los vamos a

dar al Sr. Bronski. Hoy es su cumpleaños.

—Son unos niños tan amables —dijo la directora—. El Sr. Bronski está en el atrio. Está lavando las ventanas. —Al regresar a su oficina, arrugó la nariz—. Huelen como a corral —le dijo a la secretaria de la escuela—. Espero que se les vaya cuando se laven.

—Feliz cumpleaños, Sr. Bronski —lo llamaron los niños—. Le trajimos regalos de cumpleaños.

—Es abono —susurró Jeff.

La cara del Sr. Bronski se iluminó como un sol. Abrió de un empujón la puerta del atrio y la sostuvo para que pasaran los niños. —Son tan amables por acordarse de su conserje —les dijo—. Si pudieran vender esas bolsas, el fondo para el patio de juegos aumentaría rápidamente. Para expresarles mi gratitud, pensaré cómo podemos hacer para lograrlo. —Tomó la pala y comenzó a cavar—. Pero primero enterraré todo este abono, antes de que se enteren en la escuela.

—Es muy difícil que el abono bien descompuesto tenga olor una vez que se lo pone en el suelo —dijo Jeff—. Tal vez mamá esté contenta con sus ocho bolsas, después de todo.

Capítulo 9

Un club

Lamentablemente, la escuela no tenía dinero para comprar plantas para el atrio.

¿Acaso Tilly Perkins se quejó?

¿Acaso Tilly Perkins refunfuñó?

No, de ninguna manera. Tilly Perkins tuvo una idea. —No hay problema —dijo—. Sra. Frank, ¿podría la directora enviarnos a todos a casa con una carta en la que diga que necesitamos plantas? Con frecuencia, las personas tienen muchas plantas de un mismo tipo.

Tilly tenía razón. Muchas personas donaron plantas. La Sra. Perkins envió algunas plantas de tomate que le quedaban. La mamá de Jeff envió esquejes de rosa. El Sr. Bronski tarareaba una melodía mientras iba llenando los últimos espacios.

Tilly envió una nota a la Comisión de Padres. "Abono bien descompuesto para la venta. Solicítelo en la granja de los Perkins. Tres dólares la bolsa (Tamaño: bolsa de basura). Más barato si usted llena su propio recipiente. Visite el atrio de la escuela y vea los asombrosos resultados obtenidos al utilizar aquello que nos ofrece la naturaleza. P.D.1 El abono bien descompuesto no tiene olor. P.D.2 Todo el dinero va al fondo para el patio de juegos". Dibujó un mapa para mostrar cómo llegar a la granja.

Unas semanas después, Jeff y los demás admiraban el atrio. Estaba lleno de vegetación. Algunos de los rosales ya tenían capullos y las plantas de tomate ya daban sus primeros frutos.

—Sr. Bronski, yo estaba equivocado —dijo Jeff—. Usted no es el único al que le gusta el abono. Las ventas están subiendo como la espuma.

—El abono ayuda a las plantas débiles a crecer fuertes y sanas —dijo el Sr. Bronski—. Cuando todos vieron lo que pasó aquí, dejaron de tener temor. De este modo, motivados para oler las rosas, los jardineros pronto se olvidan del mal olor.

—¡Yupi! Vamos a ganar el premio por juntar más dinero —dijo Bruno—. Ni siquiera los de sexto podrán vencernos.

Tilly saltaba impacientemente. —Sr. Bronski —dijo—. Dice mamá si no quiere venir a cenar el domingo.

—Me encantaría —dijo el Sr. Bronski.

—El Sr. Bronski está yendo a tu granja muy seguido estos días —dijo Bruno—, ¿cómo es que a nosotros ya no nos invitas?

—¿Pueden venir también Jeff y Bruno? —preguntó Tilly.

El Sr. Bronski le guiñó un ojo a Tilly. —Ya casi llegó el momento de revelar el secreto —dijo—. Cuando vengan, niños, traigan jeans viejos.

—¿Por qué? —preguntó Bruno.

El Sr. Bronski negó con la cabeza. —Mis labios están sellados. El domingo, todo les será revelado.

El fin de semana, el papá de Jeff los llevó a él y a Bruno hasta la granja. Tilly los estaba esperando.

—¡Vamos! —gritó, mientras se adelantaba corriendo—. Les conseguiré una brocha a cada uno.

—Tal vez debimos habernos quedado en casa —dijo Bruno—. Esto me suena a trabajo.

—Debe ser un trabajo bastante sucio —dijo Jeff—. Hasta Tilly trae puestos unos viejos overoles. Parece como si se los hubiera pedido prestados a su papá. Cuidado, Tilly —gritó—. Vas a tropezarte con las bocamangas.

—Ya lo hice —dijo Tilly—. Me caí sobre la pintura amarilla. No me importa. Es el color de los dientes de león, mi flor favorita. Están floreciendo ahora.

Llevó a Jeff y a Bruno hacia una pila de madera. Estaban cortadas de formas y longitudes distintas. —Tenemos que pintar toda esta madera —dijo.

—¿Para qué? —preguntó Bruno.

Los ojos de Tilly Perkins brillaron. —Para el nuevo patio de juegos —dijo—. El Sr. Bronski lo diseñó. El fondo para el patio de juegos sólo alcanza para madera y pintura. Algunos de los padres ayudarán a serruchar y clavar las partes. Y nosotros lo ensamblaremos.

El Sr. Bronski estaba serruchando maderas. Se detuvo para saludarlos.

—Es muy amable de su parte hacer esto —dijo Jeff.

—El abono que me trajeron de regalo me dio ánimos —dijo el Sr. Bronski—. Hoy por ti y mañana por mí. El trabajo hecho con amor no es una molestia.

—Empecemos por la cueva —dijo Tilly Perkins.

—¡Una cueva! No estás hablando en serio —dijo Jeff.

Pero Tilly Perkins sí estaba hablando en serio.

—La teñiremos de gris —dijo—. Tiene que parecer como piedras.

Jeff y Bruno pintaron la cueva.

Tilly abrió una lata de pintura negra. —¡Upa! —dijo—. Derramé un poco en la cueva.

—Está bien —dijo Jeff—. Ahora parece más como piedras.

—Pongan también un poquito de verde —dijo Bruno—. Adentro de las cuevas siempre hay musgo. —Sonrió—. Pintar es mucho más fácil que llenar bolsas con abono —dijo.

Todos los fines de semana, trabajaban en la construcción del patio de juegos. Muchos padres vinieron a ayudar y trajeron a sus hijos.

—Pintar es un trabajo duro —dijo Poppy Rose.

—Pero divertido —dijo Sally.

Un fin de semana, los camiones del condado fueron a la escuela. Los trabajadores cavaron sobre un área en la que había hierba y tierra y en su lugar pusieron arena.

Cuando todas las partes estuvieron listas, el Sr. Perkins las cargó en su camión. Las llevó hasta el patio de la escuela. Los padres que habían venido, trajeron clavos y martillos. El Sr. Bronski les explicó cómo ensamblar las partes. Primero, ensamblaron un armazón alto.

—¿Para qué es esto? —preguntó Bruno.

—¡Lo sé! —gritó Jeff—. Es una casa del árbol, para patios de juego sin árboles.

—Jeff, Bruno, vengan a ayudarme —los llamó Tilly Perkins—. Tenemos que mostrarle a algunos padres cómo construir el castillo.

—Mamá y papá también necesitan ayuda —dijo Jeff—. Están ensamblando el puente colgante.

Para cuando terminó el fin de semana, el patio de juegos estaba listo.

—No puedo creerlo —dijo Jeff—. Una casa del árbol y una cueva y un castillo.

—No olvides el puente colgante —dijo Poppy Rose.

—Y el túnel —agregó Sally.

—Lo que más me gusta es la cuerda de Tarzán —dijo Bruno.

Tilly Perkins suspiró feliz. —Es justo como lo había imaginado —dijo.

—Tilly Perkins —dijo Jeff—, algunas de tus ideas son muy locas. Pero ésta fue increíble.

—En especial el abono —dijo Bruno, sonriendo.

—Nunca creí que tantas personas compraran esa grotesca asquerosidad —admitió Poppy Rose.

—Me siento algo triste de que el patio de juegos esté terminado —dijo Jeff—. La pasamos genial construyéndolo, ¿no es así? ¡Sin peleas! Bueno, sin tantas peleas.

Bruno tiró de la manga de Jeff. —Oye, Jeff —susurró—. Decidí que no quiero una novia en este momento. Puedes quedarte con Tilly Perkins.

—Yo tampoco quiero una novia —dijo Jeff—. Sólo quiero que todos seamos amigos.

—Formemos un club —dijo Poppy Rose—. Todos estamos en él. Podemos usar la casa del árbol como la casa del club.

—Mejor el castillo —dijo Tilly Perkins—. Es más grande, y podemos cavar un foso.

—¿Estás loca, Tilly Perkins? —dijo Sally—. No podemos cavar un foso. Nos llevaría toda la vida.

—Nos embarraríamos y nuestras madres enfurecerían —dijo Poppy Rose. Miró el dobladillo sucio de Tilly Perkins—. Al menos algunas de ellas se enojarían.

—¡Tontuelas! —dijo Bruno—. Yo llenaré el foso con pirañas. Si alguien me hace enojar, lo tiraré allí.

—¡No, por favor! —dijo Jeff—. Estamos peleando otra vez.

¿Acaso Tilly Perkins se dio por vencida?

¿Acaso Tilly Perkins se rindió?

No, de ninguna manera. Tilly Perkins lo intentó una vez más. —Mañana traigan palas para comenzar el foso —dijo—. Uno no se embarra por cavar en la arena.

Jeff se puso a pensar. —Cuando estamos haciendo algo, no peleamos —dijo.

—No es difícil cavar en la arena —dijo Sally.

Poppy Rose suspiró. —Muy bien, traeré una pala —dijo—. ¡De nada sirve discutir con Tilly Perkins!